Ingrid Uebe

Kleine Hundegeschichten

Mit Bildern von Helga Spieß

arsEdition

Bibliografische Information Der Deutschen Bibliothek

Die Deutsche Bibliothek verzeichnet diese Publikation
in der Deutschen Nationalbibliografie;
detaillierte bibliografische Daten sind im Internet über
http://dnb.ddb.de abrufbar.

Lesedidaktische Beratung: Prof. Dr. Manfred Wespel

5 4 3 2   07 06 05 04

Titelbild und Innenillustrationen: Helga Spieß
Titelvignette: Carola Holland
Einbandkonzeption: Ralph Bittner
ISBN 3-7607-3901-6

www.arsedition.de

Inhalt

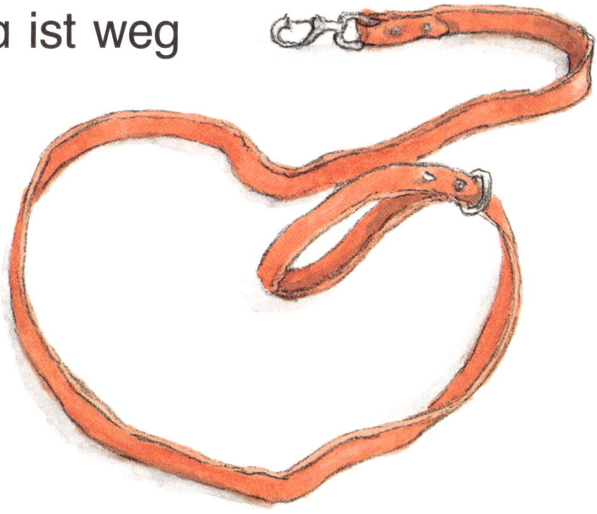

Die Überraschung

Rosa hat sich
zum Geburtstag
einen Hund gewünscht.
Aber sie kriegt keinen.

Sie bekommt
eine Menge Geschenke,
doch einen Hund
leider nicht.

Rosa ist sehr enttäuscht,
auch wenn sie nichts sagt.

Nachmittags feiert sie
ihren Geburtstag
mit sieben Kindern
aus ihrer Klasse.
Alle sind lustig.
Rosa auch.

Aber abends im Bett
kriecht sie tief
unter die Decke
und weint ein bisschen.

Mama hat schon
gute Nacht gesagt.
Papa ist noch im Büro.
So lange –
und ausgerechnet
an Rosas Geburtstag!

Immer tiefer
kriecht Rosa
unter die Decke.
Sie sieht nicht,
dass Papa hereinkommt.
Sie hört nur seine Stimme:
„Da bin ich endlich,
mein Schatz."

Rosa bleibt
unter der Decke.
Aber dann hört sie
noch etwas.
Ja was denn?
Das ist doch ...

Blitzschnell schlägt Rosa
die Decke zurück.
Da steht Papa.
Und da hockt ein Hund.

So ein kleiner Hund!
So ein süßer Hund!
So ein lieber Hund!

„Er gehört dir“, sagt Papa.
„Ich konnte ihn leider
nicht früher abholen.
Wie gut,
dass du noch wach bist!“
Ja, wie gut!
Rosa und der Hund
finden das auch.

Jan und Rex

In den Ferien
fährt Jan zu Oma.
Oma hat ein großes Haus,
einen großen Garten
und einen großen Hund.
Der heißt Rex.
Jan und Rex mögen sich sehr.

Jan darf überallhin.
Auch auf Bäume klettern.
Nur nicht
auf den Kirschbaum!
Der ist schon ganz alt.
Seine Äste sind morsch.

Aber die Kirschen
sehen sehr gut aus –
dunkel und reif,
süß und saftig.

„Ich pflück mal ein paar“,
sagt Jan.
„Ich kletter nur
auf den untersten Ast.“

„Wuff“, macht Rex.
Das heißt:
Lass das bleiben!

Jan hört nicht auf Rex.
Schon sitzt er
auf dem untersten Ast.
Schon streckt er
die Hand aus.
Da kracht der Ast
und saust mit ihm
in die Tiefe.

„Aua!“, schreit Jan.
Alles tut weh,
besonders das Bein
und noch mehr der Fuß.
Jan kann nicht aufstehen.
„Hilfe!“, schreit er.
Aber das Haus
ist weit weg.
Oma hört ihn nicht.

Rex leckt Jan die Hand.
Und dann rennt er los.
Bestimmt holt er Oma.
Da kommt sie schon.

Sie nimmt
Jan auf den Arm
und trägt ihn ins Haus.

Nein, sie schimpft nicht.
Jan kriegt sofort
einen kühlen Verband.
Rex kriegt
einen Hundekuchen,
weil er Oma
so schnell
zu Hilfe geholt hat.

Der kleine Fritzi

Als Fritzi ins Haus kam,
war er noch ein Baby
und wirklich sehr klein.

Fritzi sah aus
wie ein Wollknäuel –
weich und wuschelig.
Alle fanden ihn süß.
Alle wollten ihn
unbedingt haben,
auch wenn er
kein Rassehund war.

Papa sagte:
„Mischlinge sind
besonders klug."
Mama sagte:
„Besonders treu
sind sie auch."
Nils und Nora jubelten:
„Wir wollen den
und sonst keinen!"

Nur Oma
runzelte die Stirn
und überlegte:
„Wie groß
mag er wohl werden?"
„Vielleicht so hoch
wie mein Knie",
meinte Papa.

Bald musste Fritzi
geimpft werden.
„Schöner Hund!“,
lobte der Tierarzt.
„Was hat er
für große Pfoten!
Bestimmt wird er
selbst mal sehr groß.“

„So, so“, sagte Mama
und ging nachdenklich
mit Fritzi nach Hause.

Nach ein paar Wochen
war Fritzi
so hoch wie Papas Knie.
Dann reichte er Mama
bis an den Po.

Inzwischen kann er
Papa und Mama
seine Vorderpfoten
auf die Schultern legen.
Aber dann
steht er immerhin
auf den Hinterbeinen.

Nils sagt:
„Fritzi ist bestimmt
der größte Hund der Welt.“
Nora sagt:
„Ja, und der allerliebste!“

Moppel will raus

Es regnet.
Es regnet und regnet.
Doch Paula
ist das egal.
Dann bleibt sie heute
eben mal drinnen
und spielt
mit ihren Kuscheltieren.
Moppel guckt zu.

Nach einer Weile
kommt Mama.
Sie sagt:
„Hier ist die Leine!
Der Hund
muss bestimmt mal raus.“

Moppel steht schon
an der Tür.
Aber Paula
hat gar keine Lust.
„Bei dem Regen?“,
murrt sie.
„Ich will lieber
weiterspielen.
Geh du doch
mit Moppel!“

Mama schüttelt den Kopf.
„Du weißt,
was wir verabredet haben.
Wir kümmern uns
alle um Moppel.
Papa war heute früh
mit ihm draußen
und ich heute Mittag.
Jetzt bist du dran!“

Moppel hockt an der Tür
und guckt Paula
hoffnungsvoll an.

Sein Schwanz klopft
auf den Boden.

Paula beachtet ihn nicht.
Sie setzt ihr Schwein
aufs Töpfchen.

Da nimmt Moppel
die Leine
zwischen die Zähne
und trägt sie zu Paula.
Er scharrt
mit der Vorderpfote
und knurrt.
Paula muss lachen.

Bald darauf
rennt sie mit Moppel
die Straße entlang,
quer durch die Pfützen.
Der Regen macht ihnen
nichts aus.

Mira ist weg

Oh, wie schön
ist es im Wald!
Mama und Papa,
Tim und Nele
gehen am Sonntag
mit Mira spazieren.

Alle fünf lieben den Wald.
Mira am meisten.
Im Wald kann sie
überall herumschnüffeln
und aufregende Sachen
entdecken.

Manchmal
verschwindet sie
für eine Weile
zwischen den Bäumen.

Aber man muss sich
keine Sorgen machen.
Mira ist bis jetzt
immer zurückgekommen.

Doch diesmal –
oh Schreck! –,
diesmal bleibt Mira
verschwunden.

Papa pfeift.
Mama ruft.

Tim und Nele
suchen hinter jedem Baum.
Es wird schon dunkel
und Mira ist
immer noch weg!

„Es hat keinen Zweck“,
sagt Papa.
„Wir müssen nach Hause.“
Ohne Mira nach Hause?
Das geht doch nicht!

Tim und Nele
bitten und betteln.
Aber endlich
müssen sie einsehen,
dass Papa Recht hat.

Traurig macht sich
die ganze Familie
auf den Heimweg.
Betrübt kommen sie
am Gartentor an.

Stumm gehen sie
über den Kiesweg
zum Haus.

Da macht es: Wuff!
Und ein grauer Schatten
saust auf sie zu.

Mira! Es ist Mira!
Keiner weiß,
wie sie nach Hause
gefunden hat.
Aber alle freuen sich.
Mira am meisten.

Erste Geschichten zum Selberlesen

Riesenkaninchen Graupfote hat so seine Schwierigkeiten, für welchen Menschen es sich entscheiden soll. Nimmt es den Baggerfahrer, der gerade im Angebot ist?

ISBN 3-7607-3865-6

Das berühmte Gespenst Schlotterine von Unkelstein braucht dringend Ferien. Doch was macht ein Gespenst in den Ferien?

ISBN 3-7607-3739-0